Daniela Schetar

REISE DURCH

NAMIBIA

STÜRTZ VERLAG WÜRZBURG

REISE DURCH NAMIBIA

INHALT

Links *Die Himba oder Ovahimba im Kaokoveld sind die letzten traditionell lebenden Halbnomaden Namibias.*

Rechts *Wie Scherenschnitte stehen die symmetrischen Kronen der Köcherbäume bei Keetmanshoop gegen den Abendhimmel.*

S. 1 *Ihren charakteristischen Kopfputz haben die Hererofrauen von den Frauen der Missionare übernommen.*

S. 2/3 *Die Namib-Wüste am Sossusvlei: ein Meer aus Sand.*

S. 4/5 *Elefanten lieben ihr tägliches Bad an den Wasserstellen im Etoscha-Nationalpark.*

S. 6/7 *Bei Twyfelfontein. Wenn die sengenden Strahlen der Sonne ihre Kraft verlieren, schimmern die Felsengebirge rotgolden.*

S.10 *Grandiose Natur und lebendige Traditionen sind nur zwei der vielen Facetten Namibias.*

S. 12/13 *Große Flamingoschwärme, aber auch Pelikane und Reiher bevölkern die Lagune von Walvis Bay.*

ANGOLA
ZAMBIA
BOTSWANA
SÜDAFRIKA
NAMIBIA
Atlantischer Ozean
Kunene
Okavango
Kaokoveld
Oshakati
Ondangwa
Ovamboland
Kavango-land
Rundu
Caprivi-Streifen
Katima Mulilo
Opuwo
Namib-Wüste
Etosha-Pfanne
Sesfontein
Okaukuejo
Tsumeb
Buschmann-land
Otavi
Grootfontein
Tsumkwe
Skelettküste
Kamanjab
Outjo
Khorixas
Otjiwarongo
Hereroland
Twyfel-fontein
Königstein 2573 m
Omaruru
Karibib
Damara-land
Spitzkoppe 1759 m
Usakos
Okahandja
Gobabis
Swakopmund
WINDHOEK
Walvis Bay
Rehoboth
Aranos
Sossusvlei
Stampriet
Maltahöhe
Mariental
Nama-land
Bethanien
Brukkaros 1586 m
Keetmanshoop
Aus
Lüderitz
Aroab
Kolmanskop
Fish River
Karasburg
Warmbad
Oranje
Oranjemund
0 100 200 300 km

LAND DER NATURWUNDER

Zwischen steilen, grauen Hängen schlängelt sich die Straße immer tiefer in eine Mondlandschaft aus bizarr erodierten Felsen. Steinerne Riesenmurmeln schweben schwerelos über Abgründen, schwarzer Wüstenlack hat die roten Felsplatten mit einer Glanzschicht überzogen, die Bergflanken rücken enger zusammen, und genau in dem Augenblick, in dem der Reisende die Härte und Bedrohlichkeit dieser Gebirgswelt nicht mehr ertragen mag, öffnet sich ein schilfbestandenes Tal. Darin kleine, einfache Bungalows, ein türkisblaues Schwimmbecken mit perlendem Thermalwasser, Paviane in den Felswänden ringsum – eine Oase inmitten der Wüste, Ai-Ais.

Namibia ist ein Land der Naturwunder, der immer wieder neuen, überraschenden Stimmungen und Panoramen, in die der Mensch Kontrastpunkte gesetzt hat: Die gepflegte Thermalanlage Ai-Ais auf dem Grund des Fish River Canyon, die romantische Ritterburg Duwisib inmitten schwarzgezackter, kahler Berge, das Jugendstil-Seebad Swakopmund, das seine Peripherie gegen die stetig vordringenden Sanddünen verteidigen muss.

Vor etwas mehr als hundert Jahren fassten die ersten Deutschen in Namibia Fuß. Sie errichteten Farmhäuschen und Missionsstationen, setzten klassizistische Villen in die Wüste. Die Kolonisierung war erfolgreich und hat deutliche Spuren hinterlassen, nicht nur in der Architektur, sondern auch in der namibischen Gesellschaft: Knapp hundert Jahre lang haben Weiße Politik und Wirtschaft in Südwestafrika bestimmt, während die schwarze Bevölkerungsmehrheit weitgehen davon ausgeschlossen blieb. Das Erbe dieser Epoche ist eine tiefe Kluft zwischen Schwarz und Weiß, die für die Menschen auf der Schattenseite nur schwer zu überwinden ist.

Von den Buschmännern zur Unabhängigkeit

Geheimnisvolle Figuren, halb Mensch, halb Tier, starren von Felsplatten und Überhängen, schwenken Speere und

Links *In Millionen von Jahren hat sich der Ugab-Fluss seinen Weg durch die Wüste gegraben und mächtige Kalksteinterrassen geformt. Heute fließt er nur noch nach heftigen Regenfällen.*

Pfeile gegen Giraffen, Antilopen, Nashörner, tanzen um ein imaginäres Feuer. Tausende solcher Felszeichnungen gaben Namibias Gebirge preis; sie sind Kunstgalerien einer längst versunkenen Epoche, in der das Land fruchtbarer war und es Wild gab im Überfluss. Wer diese Bilderwelt erschaffen hat, konnten Forscher bis heute nicht enträtseln. Wahrscheinlich waren es die Vorfahren der kleinen, gelbhäutigen Jäger, die der niederländische Reisende Peter Kolb im 18. Jh. mit dem wenig freundlichen Namen *buschje mannes,* Strauchdiebe, versah. Der Name haftet den »Buschmännern« bis heute an. Sie und das verwandte Viehzüchtervolk der Nama, waren die ersten Bewohner Südwestafrikas. Später wanderten Herero und Ovambo von Nordosten nach Namibia ein. Schließlich kamen die ersten Weißen aus dem lange vorher kolonisierten Südafrika, später auch aus Deutschland.

Der 24. April 1884 war ein historisches Datum für Südwestafrika und für Deutschland. Der Bremer Kaufmann Adolf Lüderitz hatte ein Jahr zuvor an der Küste Namibias (an der heutigen Lüderitzbucht) eine Handelsniederlassung gegründet und durch geschicktes Taktieren schließlich die deutsche Regierung dazu gebracht, den Ort und das Land, das er von Einheimischen erworben hatte, unter deutschen Schutz zu stellen. Die Kolonie Deutsch-Südwestafrika war geboren. Die ersten Siedler hatten an dem Land allerdings wenig Freude: Wehrhafte Nama und Herero lehnten sich immer wieder gegen die Eindringlinge auf. Doch ebenso oft kämpften sie auch gegeneinander und machten es der Kolonialverwaltung leicht, sie unter Kontrolle zu bekommen. Nur ein einziges Mal zog ein ganzes Volk in den Krieg gegen die Deutschen. Die Häuptlinge der Herero hatten wieder und wieder versucht, die Weidegebiete ihres Volkes durch Verhandlungen zu retten. 1904 verbreitete sich wie ein Lauffeuer das Gerücht, die Herero sollten in ein Reservat umgesiedelt werden. Sechzigtausend Menschen – Männer, Frauen, Kinder – wanderten daraufhin zum Waterberg und stellten sich zum Kampf. Sie wurden von der »Schutztruppe« geschlagen. Weil alle anderen Wege von den Soldaten abgeschnitten waren, blieb ihnen nur die Flucht in die Omaheke-Wüste. Ohne Wasser und Nahrung starben zwei Drittel des Volkes den Hungertod, knapp 14 000 Herero überlebten und kehrten in ihre Krals zurück.

Rechts *Die lichtscheuen Termiten schützen sich vor sengender Sonne durch ihre kunstvollen Bauten.*

1908 wurden in der Nähe von Lüderitzbucht die ersten Diamanten entdeckt. Endlich hatte die Kolonie mehr zu bieten als karge Weiden und widerspenstige Einheimische. Doch lange konnten sich die Siedler an dem Wohlstand nicht freuen. Der Erste Weltkrieg kündigte sich an und urplötzlich stand das deutsche Südwestafrika Grenze an Grenze mit dem britischen Feind. Die Truppen der Südafrikanischen Union überrannten die Kolonie; 1915 kapitulierten die Deutschen, 1918 wurde Südwestafrika dem Nachbarn als Mandatsgebiet unterstellt.

Bereits die deutsche Kolonialverwaltung hatte sich bemüht, die Menschen unterschiedlicher Herkunft fein säuberlich getrennt voneinander zu halten. Reservate für Herero, Nama und Buschmänner waren geplant oder bereits eingerichtet; das fruchtbare Land hatten die Siedler untereinander aufgeteilt. Unter südafrikanischer Ägide wurde die Politik der Rassentrennung fortgesetzt und perfektioniert. 1945 forderte die UNO die Einhaltung der Menschenrechte im südlichen Afrika und die Rückgabe Südwestafrikas an die Völkergemeinschaft. Südafrikas Antwort war 1948 die Einführung der Apartheidsgesetze; zehn Jahre später begann die Einrichtung von Retortensiedlungen, *townships*, für Schwarze und Farbige. Mitte der sechziger Jahre wurden die ersten *homelands* ausgewiesen, in denen Ovambo, Herero, Damara, Nama und Buschmänner zu leben hatten, wenn sie sich nicht gerade an ihrer Arbeitsstelle aufhielten. Etwa zur selben Zeit begann die SWAPO (South West Africa People's Organization) im Grenzgebiet von Namibia und Angola ihren bewaffneten Kampf gegen die weißen Besatzer. Doch erst auf internationalen Druck hin erklärte sich Südafrika 1988 schließlich bereit, Namibia in die Unabhängigkeit zu entlassen. 1989 wurden alle Namibier an die Wahlurnen gerufen und am 21. März 1990 war das Land unter seinem ersten demokratisch gewählten Präsidenten Sam Nujoma, dem politischen Kopf der SWAPO, unabhängig.

Die weißen Siedler, befürchteten das Schlimmste – doch es blieb aus. Zwar traten Nujoma und seine Minister immer wieder mit kraftmeierischer Rhetorik gegen die »Schmarotzer« und »Ausbeuter« im eigene Lande auf, doch in der Praxis verfolgten sie einen sehr vernünftigen Kurs. Von Rache für die Jahre der Ausbeutung spricht niemand, *reconciliation*, Versöhnung, heißt das Leitmotiv der Politik. Die Enteignung aller Farmer war ein beliebtes Wahlkampfthema, durchsetzen ließ sie sich nicht, denn viel zu wenige schwarze Namibier besitzen das Knowhow, um die Höfe zu übernehmen. So ist vieles beim Al-

Unten *In der Independence Avenue, der früheren Kaiserstraße von Windhoek, bessern Kinder das Familienbudget mit dem Verkauf von Zeitungen auf. Dieser Junge versucht, die einzige deutsche Tageszeitung Afrikas an den Kunden zu bringen.*

ten geblieben. Doch mit jedem Jahr der Unabhängigkeit wächst weiter zusammen, was ein Jahrhundert lang streng getrennt war. Ob in Windhoeks Straßen oder in den Rastlagern der Nationalparks – Namibias Gesellschaft ist bunter und toleranter geworden.

Oben *Bis 1989 galten in Namibia die Gesetze der Apartheidpolitik: Schwarze und Farbige mussten in eigens errichteten Townships am Stadtrand wohnen und durften die Schulen der Weissen nicht besuchen. Seit der Unabhängigkeit hat sich viel geändert, doch nach wie vor ist die grosse Mehrheit der schwarzen Namibier wirtschaftlich schlechter gestellt als ihre weissen Landsleute.*

Wüsten und Steppen

Ein bis zu 150 Kilometer breiter Wüstenstreifen begrenzt Namibia nach Westen zum Atlantischen Ozean. *Namib*, die Barriere, nannten die Nama diese Einöde, denn nur an wenigen Stellen war für die Rinder- und Schafzüchter ein Durchkommen vom Hochland im Landesinneren zum Meer. Kies- und Steinflächen, aber auch kühn geschwungene Sanddünen beherrschen die Namib, bizarre Gebirgswelten türmen sich im Kaokoveld im Norden, wo Namibias letzte Nomaden, die Himba, ihre Rinder weiden. *Riviere*, Trockenflüsse, durchschneiden Wüste und Berge von Osten nach Westen, doch Wasser führen sie nur in guten Regenjahren für wenige Wochen.

In dieser kargen Wüstenei lagert Namibias größtes Kapital: Nicht nur Diamanten, die heute in einem Sperrgebiet nördlich der Oranjemündung geschürft werden – unweit von Swakopmund fanden Prospektoren noch einen anderen Schatz: Lagerstätten von Uranerz, das im Tagebau von riesigen Baggern abgebaut und in hochmodernen Anlagen aufbereitet wird. Bodenschätze und Viehzucht sind die beiden wichtigsten Standbeine der namibischen Wirtschaft, obgleich beide immer wieder großen Einbrüchen ausgesetzt sind – wenn der Uranpreis auf dem Weltmarkt fällt, wenn der Regen für die Viehweiden ausbleibt oder wenn sich wegen der Boykottaufrufe von Tierschützern keine Karakulschaf-Pelze, Persianer genannt, verkaufen lassen.

Im Osten endet die Wüste am steilen Gebirgsstock der Randstufe, die bis zu 1700 Meter aufsteigt und schließlich eine Hochebene bildet. Hier ist Namibias weißes Herzstück, das Land der Farmer, jeder Quadratkilometer mit Zäunen parzelliert und nutzbar gemacht, mit Höfen, die »Niedersachsen« oder »Ludwigslust« heißen und wo neben den zähen Südwester Rassen auch Holsteiner Kühe auf den Weiden grasen. Namibias schwarzes Zentrum dagegen liegt im Norden: Ovamboland, eine grüne Oase, gespeist von der jährlichen Überschwemmung des Kuvelai-Flusses aus Angola. Mehr als die Hälfte der Namibier lebt hier.

Weiter nach Osten senkt sich das Hochland und wird wieder zur Wüste. Über Kilometer beherrschen hintereinander gestaffelte Sanddünen der Kalahari die Landschaft, mal abweisend und kahl, mal dicht mit Buschwerk und Bäumen bewachsen. In den Tälern zwischen den Sandrippen ducken sich einsame Farmhäuser unter windzerzausten Akazien; weiße Windräder drehen sich träge in der Brise und pumpen Grundwasser für Menschen und Vieh nach oben. Lange Zeit war die Kalahari das Jagdland der Buschmänner, deren Lebensraum heute auf ein kleines Gebiet, das Buschmannland im Nordosten Namibias, beschränkt ist.

Tiefes Grün, dichte Laubwälder, glitzernde Flussläufe und Sümpfe – im Caprivi-Streifen zeigt sich Namibia von einer gänzlich unerwarteten Seite. In den hohen Baumkronen nisten unzählige Vögel, Elefantenherden streifen durchs Dickicht, und in den Sumpflandschaften von Mudumu und Mamili weiden die seltenen Wasserantilopen, dösen Flusspferde und Krokodile. Wie ein dünner Finger erstreckt sich der schmale Landstreifen 350 Kilometer nach Osten, ein üppiges Paradies, gesprenkelt mit winzigen Rundhüttendörfern und kleinen Städtchen, deren Bewohner vom Ackerbau und Fischfang leben. Häuptlinge und Medizinmänner regeln hier noch das Leben der Gemeinschaft.

Windhoek und Swakopmund

Windhoek, die Hauptstadt Namibias, wurde mitten im Hochland gegründet. Es ist eine freundliche, etwas verschlafen wirkende Metropole: einige Hochhäuser, zwei schicke Einkaufsstraßen, dazwischen Fachwerkhäuschen und Villen aus der Kolonialzeit. Dort, wo früher Kutschen auf der Poststrasse fuhren, flankieren heute in Pastelltönen gestaltete Hochhäuser Windhoeks lebhafteste Einkaufsmeile: die Post Street Mall. Teppiche, Antiquitäten, Kitsch und CDs gibt es hier zu kaufen, auf improvisierten Ständen türmen sich Halbedelsteine, Holzschnitzereien, Secondhandklamotten und Ethnoschmuck. Lokale wie die »Kaiserkrone« oder »Le Bistro« sorgen mit Apfelkuchen und Schweinebraten fürs leibliche Wohl. Die Fussgängerzone ist ein kleiner kosmopolitischer Winkel im Herzen einer immer noch sehr weißen Stadt. Denn die meisten farbigen und schwarzen Windhoeker wohnen und leben

Rechts *Leopardenbeobachtung auf der Gästefarm Okonjima. In freier Wildbahn sind die gefährlichen Raubkatzen nur selten zu sehen, sie gehen nachts auf Jagd.*

nicht hier, sondern in tristen Vorstädten. Wer die Townships Katutura und Khomasdal besucht, versteht, wie tief noch heute die Wunden sind, die die Apartheid in die namibische Gesellschaft geschlagen hat.

Zwischen Atlantikbrandung und Wüste liegt Swakopmund. Eine palmenbestandene Seepromenade zu Füßen des rot-weißen Leuchtturms. Jugendstilvillen, romantische Schlösschen und ein wunderschön restaurierter Bahnhof aus den Anfangszeiten der Eisenbahn sind die Wahrzeichen des schmucken Städtchens. Swakopmund wurde als Hafen für die Dampfer aus »Übersee« gegründet, doch wirklich geeignet war es dafür nicht. Schließlich wurde der Hafen aufgegeben. Die kleine Siedlung versank im Dornröschenschlaf, bis die hitzegeplagten Hochlandbewohner erkannten, wie angenehm es sich im Sommer an der Küste leben lässt. Seither erlebt das Seebad seine zweite Blüte als Sommerfrische und Anglerparadies mit nostalgischem Flair.

Unter Naturschutz

Dichte Staubwolken ziehen über die gleißend helle Etoscha-Pfanne, aufgewirbelt von Tausenden von Hufen, die gleichmäßig in Richtung Wasser wandern. Ab und an löst sich eine schwarzweiß gestreifte Gestalt aus der uniformen Masse, galoppiert ein Stück von der Herde weg, nur um schleunigst wieder zurückzukehren in den Schutz der Zebragemeinschaft. Am Horizont verschwimmt der blendend weiße Boden der Salzwüste mit dem weiß glühenden Himmel; ein Straußenpaar tanzt einen geheimnisvollen Reigen zwischen den Luftspiegelungen. Es ist Mittagszeit in Etoscha, dem berühmtesten Naturschutzgebiet Namibias. Hier leben Elefanten, Löwen, Geparden, Leoparden und Nashörner; riesige Herden von Zebras, Gnus und Antilopen ziehen durch die Grassteppen und Wüstengebiete des Parks, der halb so groß ist wie die Schweiz.

Doch Etoscha ist nicht das einzige Naturschutzgebiet Namibias. Mit dem Namib-Naukluft-Park besitzt das Land den größten Nationalpark Afrikas – ein fünf Millionen Hektar großes Stück Wüste zwischen Lüderitzbucht im Süden und Swakopmund im Norden, dessen empfindliche Ökologie in einer eigens eingerichteten Forschungsstation in Gobabeb untersucht wird. Dort, wo die Kies- und Geröllebenen im Süden des Parks orangeroten Dünenbergen weichen, liegt einer der schönsten Punkte Namibias, das Sandmeer des Sossusvlei. Bis zum Horizont nichts als die weich gewölbten Dünenkämme, über die der Wind gelbe Staubschleier breitet, an ihren Flanken geheimnisvolle Muster, Spuren der Wüstenbewohner, Schlangen und Antilopen. Mitten zwischen den höchsten Dünen steht manchmal, wenn es gut geregnet hat, ein *Vlei*, ein kleiner See, der Pflanzen und Tiere ernährt, bis deren Durst und die Sonne ihn in eine trockene, aufgeplatzte Schlammkruste verwandelt haben.

Weiter nach Süden hält Namibia weitere Superlative an Naturschönheiten parat: den Fish River Canyon und die heißen Quellen von Ai-Ais. Vor Jahrmillionen haben Bewegungen der Erdschichten eine Spalte in die wüstenhafte Hochebene gerissen. Durch diesen natürlichen Kanal legte später der Fischfluss seinen Lauf. Mit seiner unermüdlichen Kraft grub er sich tiefer und tiefer in das Gestein, bildete Schleifen und fraß eine tiefe, mäandernde Schlucht in die ursprünglich tektonisch entstandene Kluft hinein. Heute ist der Canyon mit bis zu 900 Meter Tiefe und 90 Kilometer Länge nach dem amerikanischen Grand Canyon die zweitgrößte Schlucht der Welt. Dem Rinnsal, das zwischen den steilen Wänden hindurchplätschert, sieht man seine ursprüngliche Erosionskraft allerdings nicht mehr an. Der Fischfluss wurde aufgestaut, er ist einer der wichtigsten Wasserlieferanten Namibias.

Oben *Phantasie ist gefragt. Aus Konservenbüchsen und Drahtresten basteln die Kinder ihre Spielsachen. Video und Gameboy stehen auf der Wunschliste zwar ganz oben, leisten können sich solche Dinge aber nur die wenigsten Namibier.*

Überlebenskünstler

Im Jahre 1860 entdeckte der Österreicher Friedrich Welwitsch an der Südwestküste Afrikas eine seltsam geformte Pflanze: ein Knäuel aus langen, dicken Blättern, die sich wie ein Nest um den Blütenstand im Zentrum drehen und winden. Nach dem Botaniker heißt das Blattgewirr *Welwitschia mirabilis.* Mirabilis, »wunderbar«, deshalb, weil die Pflanze offensichtlich in einer Region überlebt – überhaupt nur dort existierte – wo so gut wie nie Regen fällt. Das Geheimnis der Welwitschia: Nachts ziehen häufig dicke Nebelbänke von der Atlantikküste landeinwärts und legen sich wie ein schweres Federbett über die Wüste Namib. An den Blättern der sonderbaren Pflanze kondensieren die Nebeltröpfchen, fallen herunter und versickern im Wüstenboden, wo die Welwitschia ihre breitgefächerten Wurzeln entfaltet. So wird sie in der Namib bis zu vierhundert Jahre alt. Der Köcherbaum schafft es mit einem anderen Trick, zwischen Geröll und Steinen zu überleben: Er speichert das Wasser aus dem Boden oder von den seltenen Regenfällen in einer schwammartigen Struktur in Stamm und Ästen.

Unten *Die gereckte Faust, das Symbol des Unabhängigkeitskampfes, ist ein Relikt der Vergangenheit. Zwar werden noch immer Enteignung und Umverteilung gefordert, in der Praxis aber hat sich eine pragmatische Politik statt radikaler Lösungen durchgesetzt.*

Das tierische Pendant zu diesen wüstenangepassten Pflanzen ist der Tok-Tokkies, besser bekannt als Tenebrio-Käfer. Noch vor Sonnenaufgang sieht man ihn auf den Kamm der höchsten Sanddünen marschieren, wo er einen vollendeten Kopfstand hinlegt. In dieser nicht gerade bequemen Haltung nimmt er seinen Tagesbedarf an Flüssigkeit auf: Der Nebel schlägt sich an seinem Körper nieder und die Wassertropfen rutschen am Panzer hinunter geradewegs dem Käfer ins Mäulchen. Derart gestärkt heißt es, ums Leben rennen. Denn der mit Feuchtigkeit geladene Tok-Tokkies ist nun ein Leckerbissen für jene Tiere, die Mutter Natur nicht mit so genialen Überlebenstricks für die Wüste ausgestattet hat: Schakale, Erdhörnchen, Schlangen und Geckos.

Als Symbol für Ausdauer und Anpassung an den ariden Lebensraum ziert die Welwitschia Namibias Wappen. Ihr zur Seite steht die eleganteste und schönste Antilope des südlichen Afrika: der Spießbock *(oryx gazella)*, auch er ein biologisches Wunderwerk und mit vielen Details für den Lebensraum Wüste ausgestattet. Mit seiner hell- und dunkelbraunen Zeichnung ist er unter den dornigen Akazien, wo er gerne Siesta hält, kaum auszumachen. Am liebsten aber steht die Oryxantilope hoch oben auf dem Kamm einer Sanddüne und lässt sich vom Wind kühlen.

Dort, wo die Namib an das Ufer des Atlantischen Ozeans stößt, geben sich die Tiere des Wassers und der Steppe ein Stelldichein. Bis zu hunderttausend Robben versammeln sich am Kreuzkap, um hier ihre Jungen großzuziehen, bevor sie die weite Reise zu den heimatlichen Fischgründen im Südatlantik antreten können. Es schnattert, röhrt, heult, und vor allem, es stinkt. Schakale und Hyänen stört der bestialische Geruch, der die Robbenkolonie umgibt, kein bisschen. Geduldig schleichen sie die Felsküste entlang, bis sie von Müttern und Paschas unbemerkt eines der kleinen Pelzknäuel zu fassen kriegen.

Je weiter es nach Norden geht, desto grüner wird Namibia, und desto vielfältiger sind auch Flora und Fauna. Mopane- Blutfrucht-, Dolfholz- und Affenbrotbäume recken ihre mächtigen Äste in den Himmel. Wie Jojos hüpfen die flinken Erdmännchen aus ihren Löchern, ständig nach allen Seiten sichernd und nervös zusammenraffend, was als Futter im Bau benötigt wird. Behäbig traben Warzenschweinfamilien in strenger Marschordnung durch die Savanne: die Erwachsenen vorne und hinten und dazwischen die Jungen. Meist sind ihre Familienausflüge nur an einer wogenden Bewegung im Gras wahrzunehmen und an den hochgereckten Borstenschwänzen, die wie die Fähnlein eines Pfadfinderzuges darüber hin-

und herschwenken. Sehr nervöse Gesellen sind die Springböckchen, kleine Antilopen mit leierartig geformten Hörnern und einem weißen Ralleystreifen an den Seiten. Gerade haben sie noch friedlich gegrast, da löst ein fremdes Geräusch, eine unbekannte Bewegung Panik in der Herde aus. Wie Trampolinspringer werfen sich die Böckchen in die Luft – und weg sind sie.

Elefanten, Giraffen, Nashörner, Löwen und Zebras sind in Namibia zwar auch in freier Wildbahn unterwegs, im Etoscha-Nationalpark können die Besucher sie aber sozusagen auf dem Präsentierteller beobachten. Abends kommen fast alle Tiere zu den Tränken, wo sie sich abwechseln, als gehorchten sie einer unsichtbaren Regie, die den einen verscheucht und den nächsten einlässt.

Oktoberfest und Ahnengedenken

Namibia ist eines der am dünnsten besiedelten Länder der Erde. Doppelt so groß wie Deutschland hat es doch nur 1,7 Millionen Einwohner. Elf verschiedene Stämme wurden in Namibia registriert, darunter Herero und Nama, Damara und Kavango, Buschleute und Caprivianer. Die Mehrheit jedoch gehört zur Volksgruppe der Ovambo, beheimatet im Nordosten des Landes. Der Zwang, Geld zu verdienen, hat die Ovambo in alle Teile Namibias verstreut. Die meisten Männer verbringen einen Großteil des Jahres in den Diamanten- und Uranminen der Namib oder auf Farmen und in den Städten Zentralnamibias. Nur an manchen Wochenenden und zu Ferienzeiten kehren sie in überladenen Sammeltaxis zu ihren Familien im Ovamboland heim. Kein Wunder, dass sich unter den Wanderarbeitern der erste Widerstand gegen die Apartheidpolitik Südafrikas regte. Namibias Staatspräsident Sam Nujoma ist selbst Ovambo und seine Partei, die SWAPO, wird hauptsächlich von dieser Volksgruppe unterstützt.

Unter den etwa 80 000 weißen Namibianern bilden die Deutschstämmigen mit knapp 20 000 Menschen die kleinste Gemeinschaft. So gering ihre Zahl, so groß ist bis heute ihr Einfluss auf das kulturelle Leben ihrer Wahlheimat. Wohin man auch kommt, es wird Deutsch gesprochen. Die Privatschulen der Gemeinde gelten als die besten Namibias und die einzige deutsche Tageszeitung Afrikas, die »Allgemeine Zeitung«, konnte 1997 in Windhoek gar ihr 80-jähriges Bestehen feiern. Man legt Wert auf Traditionen, und so erstaunt es nicht, dass alljährlich zur Karnevalszeit auch in Windhoek das »Helau und

Weite, unberührte Landschaften sind Namibias touristisches Kapital. Und dennoch haben auch hier Eingriffe des Menschen tiefgreifende Folgen für das empfindliche Ökosystem. Jeder Brunnen, jeder Staudamm verändert das komplizierte Gefüge, das in Jahrmillionen entstanden ist.

Oben *Wer im Kaokoveld ein Fahrrad besitzt, kann sich schon glücklich schätzen. Die Himba wandern lange Strecken zu Fuß; Autos sind hier noch eine Seltenheit.*

Unten *Bei Seisfontein: Rast unter der breiten, schattenspendenden Krone einer Akazie.*

S. 26/27 *Über dem Kaokoveld ziehen Gewitterwolken auf. Der Regen ist Segen und Fluch für die Menschen im Nordwesten Namibias. Er befruchtet die staubtrockene Erde, doch zugleich macht er Straßen und Wege unpassierbar.*

S. 28/29 *Die luxuriöse Karos-Lodge am Sossusvlei bietet einen herrlichen Blick auf das Naukluft-Gebirge und die Wüstenlandschaft der Namib. Nachts kommen Antilopen und Schakale an die beleuchteten Wasserstellen.*

Alaaf« durch die Straßen schallt, während im Herbst zum »Oktoberfest« geladen wird Feste, an denen auch alle anderen Namibier – ob Schwarz oder Weiß – gerne teilnehmen. Streng militärisch feiern die Herero ihre großen Häuptlinge am Ahnengedenktag in Okahandja. In Fantasieuniformen, jenen der deutschen Schutztruppe verblüffend ähnlich, marschieren die Männer durch die Straßen des Städtchens zum Friedhof, um den Ahnen zu opfern. Ihre Frauen folgen dem Zug, gekleidet wie viktorianische Matronen, wenn auch bunter. Mit mehreren Lagen bauschiger, bodenlanger Röcke übereinander, einem Dreieckstuch um die Schultern und einer Art kecken Haube auf dem Haar, ähnelt ihre Tracht noch heute dem Vorbild der ersten Siedler und Missionare.

Die Buschmänner, die Namibias Wüsten und Wälder wohl als erste bewohnten, waren Nomaden. Als Jäger und Sammler zogen sie von Lager zu Lager, schossen ihre todbringenden Pfeile auf Antilopen und Raubtiere ab, sammelten essbare Beeren und gruben wasserhaltige Wurzeln aus. Als fremde Völker – Ovambo, Herero und Weiße – in ihre Gebiete eindrangen, wichen die Buschmänner zurück. Heute verdienen die meisten ihren Lebensunterhalt als Farmarbeiter. Das Wissen um die Geheimnisse der Natur, um die Mythen und Zauberkräfte ihrer Vorfahren ist verlorengegangen. Nur einige wenige Familien leben noch als Jäger im Buschmannland, die meisten hat der Alkohol gezeichnet, der zerstörerische Tröster in ihrer orientierungslosen Welt.

Doch es gibt auch das archaische Namibia, wie das der Himba in der Gebirgswelt des Kaokoveld. Wie Bienenkörbe stehen die dungverputzten Hütten der Nomaden im Kreis um ihr heiliges Feuer. Rinderherden setzen dunkelbraune Tupfen in die graubraune Landschaft. Das Muhen der Tiere, die Rufe der Hirten und der einsame Jagdschrei eines Raubvogels sind die einzigen Geräusche in dieser strengen, kargen Region im Nordwesten Namibias. Die Tiere sind der Mittelpunkt, um den sich die Himbagesellschaft dreht. Einige Bullen gelten als heilig und dürfen nicht geschlachtet werden, und sogar das Schönheitsideal der Himba ist von ihrer Liebe zu den Rindern bestimmt. Rotglänzend wie das Fell der neugeborenen Kälber soll die Haut eines Mädchens sein, geschwungen wie die Hörner der Kühe ihre kunstvolle Zopffrisur. Selbstbewusst und stolz schreiten die Frauen und Männer in ihren ledernen Schurzen einher, den Körper geschmückt mit Ringen aus Kupfer und Eisen. Sie sind die letzten Botschafter einer längst versunkenen Epoche, in der das Land noch den Nomaden und ihrem Vieh gehörte.

NAMIBIA GESTERN UND HEUTE

Rechts Moderne Wolkenkratzer beherrschen die Skyline von Windhoek.

Links Schulpflicht für Kinder aller Hautfarben – noch vor wenigen Jahren war das Utopie. Heute lernen Schwarz und Weiß gemeinsam. Die Kinder sind Hoffnungsträger für eine gerechtere Zukunft in Namibia.

Links unten Wie ein Relikt aus längst vergangener Zeit ducken sich wilhelminische Fachwerkbauten zwischen die Hochhäuser an der Independence Avenue. Ein Großteil der historischen Bausubstanz Windhoeks ist längst der Abrissbirne zum Opfer gefallen. Auch diese Häuser sind seit Jahren ein Streitfall zwischen Baulöwen und Denkmalschützern.

TOYOTA
NISSAN

Unten Die 1910 eingeweihte Christuskirche ist eines der Wahrzeichen Windhoeks. Die erste evangelisch-lutherische Kirche Namibias wurde auch als Symbol des Friedens nach dem Krieg gegen Herero und Nama errichtet.

Rechts oben Am Uhrturm beginnt Windhoeks lebhafteste Straße, die Post Street Mall. Zwischen rosa- und türkisfarbenen Hochhäusern breiten Händler ihre Ware auf Decken und Tischen aus: von Ethno-Kitsch bis zu Antiquitäten.

Rechts unten Noch haben Namibias Ordnungshüter recht wenig zu tun. Doch die Klagen über ausufernde Kriminalität und Korruption werden immer lauter. Die Polizei steht dabei nicht immer im besten Licht.

Links »Windhoek Bier« wird noch heute nach deutschem Reinheitsgebot gebraut. Nach einem langen, anstrengen Tag schmeckt das kühle Bier als »Sundowner« besonders gut.

Rechts Der Südwester Reiter ist das umstrittenste Denkmal Namibias. Errichtet wurde der martialische Krieger im Gedenken an die deutschen Gefallenen der Herero-Kriege. Unter dem Kommando des Leutnant von Trotha schlugen deutsche Kolonialtruppen die Herero bei der Schlacht am Waterberg 1904 vernichtend. Tausende von Herero verloren ihr Leben, Zigtausende verdursteten auf der Flucht in der Wüste. Sogar der deutsche Kaiser war bestürzt über das schonungslose Vorgehen seines Offiziers, das zur fast völligen Vernichtung des Herero-Volkes geführt hatte.

Der Reiter verkörpert auch die Verklärung, die viele Südwester-Deutsche diesem kargen Land an der Südwestspitze Afrikas entgegenbringen. Doch heute gebieten es Vernunft und Gewissen das kämpferische Denkmal als Mahnmal für die Greuel des Krieges neu zu deuten. Viele Deutsch-Namibier, aber auch Schwarze, die das Denkmal erstaunlicherweise nach der Unabhängigkeit nicht umgestoßen haben, setzen sich dafür ein.

Alt und Neu: Der neugotische Backsteinbau der Christuskirche (links unten) und die postmoderne Architektur der Post Street Mall (links oben) in scharfem Kontrast. Viele Bauten der deutschen Kolonialzeit wurden abgerissen, andere sorgfältig restauriert, wie die romantische Heinitzburg, in der heute ein komfortables Hotel seine Gäste empfängt. In dem Fachwerkhaus (unten) residiert Namibias Ombudsmann, ein unabhängiger Schlichter, der vor allem gegen Amtsmissbrauch in der öffentlichen Verwaltung vorgeht.

S. 38/39 Am Open Air Market in der Post Street Mall treffen sich Menschen aller Klassen und Hautfarben zum Bummeln und Stöbern. Beliebter Treff- und Ruhepunkt ist der schattige Innenhof des Restaurants Kaiserkrone. Wer Wiener Schnitzel oder Schlachtplatte unter afrikanischer Sonne probieren möchte, ist dort bestens aufgehoben.

Oben Als die ersten Missionare in das Gebiet des heutigen Namibia kamen, galt ihre Sorge nicht nur dem geistigen Wohl ihrer Schützlinge sondern auch einem züchtigeren Aussehen. Den leichtgeschürzten Herero-Frauen, die sich einst ähnlich kleideten wie die Himba, wurde eine Tracht verordnet. Bis heute haben sie sie beibehalten. Mehrere Lagen bauschiger Röcke werden übereinandergezogen, um die Schultern ein Tuch drapiert und auf dem Kopf sitzt eine dreieckige Haube. Jede Herero-Gruppe hat ihre eigenen Kleidungs- und Flaggenfarben: schwarz-rot tragen die Menschen aus Okahandja, schwarz-weiß die aus Omaruru und die östliche Herero-Gruppe aus Gobabis bevorzugt grün, weiß und schwarz.

Rechts Der Portier des Kalahari Sands Hotels an Windhoeks Independence Avenue hat seinen Frack mit Medallien, Anstecknadel und Wimpeln dekoriert.

BGS
Maryland
DISCOVER SERIES

Was die Steine erzählen

Zwischen glattgeschliffenen Granitsteinen haben Bäume und Sträucher Wurzeln gefasst. Die Gebirgslandschaft um Twyfelfontein erlaubt Einblicke in die Entstehungsgeschichte Namibias wie ein geologisches Lehrbuch. Gespaltene Granitkugeln und geborstene Felsplatten zeugen von der zerstörerischen Kraft von Sonne, Wasser und Winden. Felsmalereien, wie hier (rechts oben) in der Philipp's Cave/Ameib Ranch, sind Zeugen frühzeitlicher Jäger- und Sammlerkulturen in Namibia.

S. 44/45 Schnurgerade zieht die »Pad«, die Straße, durch das Buschveld zwischen Okahandja und Otjiwarongo. Die Monotonie der Strecke verleitet manch einen Fahrer, am Steuer einzunicken. Doch jeden Augenblick können Antilopen oder Warzenschweine in wilder Flucht die Straße überqueren.

Links Auf dem Waterbergplateau leben viele Tierarten, die eigentlich im feuchteren Nordosten Namibias beheimatet sind. Dazu gehören beispielsweise die seltenen Rappenantilopen. Auf Wanderwegen kann diese grüne Oase erkundet werden.

Rechts Auf einem kleinen Friedhof ruhen die deutschen Gefallenen der Schlacht am Waterberg (1904). Über die Zahl der Herero, die bei den Kämpfen und der anschließenden Flucht in die Wüste umkamen, schwanken die Schätzungen zwischen einigen Tausend und bis zu 50 000 Menschen.

Die Rätsel der Felsbilder

Felsbilder sind die einzige Hinterlassenschaft der Ureinwohner Südwestafrikas. Das leicht erhöhte Felsrund von Twyfelfontein bot den Jägern Schutz, Wasser und einen weiten Fernblick auf die Ebenen ringsum, in denen, wie die Bilder beweisen, Elefanten, Nashörner, Giraffen und Antilopen weideten und Löwen auf Jagd gingen. Berühmt ist der »Löwe mit dem abgeknickten Schwanz« (unten). Datieren lassen sich die Gravuren und Felsmalereien in den Höhlen kaum; wahrscheinlich sind die ältesten vor mehreren tausend Jahren entstanden.

S. 50/51 Twyfelfontein, die »zweifelhafte Quelle«, heißt diese Region, in der es früher Wasser und Wild im Überfluss gab.

Links Zu den typischen Wüsten- und Steppenpflanzen Namibias gehört die Kandelaber-Euphorbie, ein genügsames Gewächs, das Wasser in den fleischigen Blättern speichert. Ihre elegante Erscheinung sollte aber nicht darüber hinwegtäuschen, dass sie sehr giftig ist. Ihren weißlichen Saft verwenden die Buschmänner als Pfeilgift.

Mitte links Flora und Fauna von einst und jetzt unterscheiden sich kaum: Die kleinen Springböckchen auf dieser Felsmalerei vom Brandberg wirken sehr lebensnah. Deutlich sind der dunkle Rücken und der weiße Bauch zu erkennen.

Links unten Auf dem felsigen Untergrund ist die Eidechse dank ihrer hervorragenden Tarnung kaum zu sehen. Die Felsenregionen Namibias sind Heimat unzähliger Echsenarten. Aber auch Giftschlangen und Skorpione verbergen sich gerne unter den Steinen vor der Hitze des Tages.

Rechts Die steinernen Orgelpfeifen in der Nähe von Twyfelfontein sind das Ergebnis einer Lava-Intrusion. Das flüssige Magma aus dem Erdinneren lagerte sich in älteren Gesteinsschichten ab und erstarrte zu viereckigen Säulen. Erosionskräfte zerstörten das weichere Gestein und enthüllten dieses Meisterwerk der Natur.

Unten Die Spitzkoppe am Rande der Wüste Namib. Wegen ihrer charakteristischen Form wird sie auch »Namibias Matterhorn« genannt. Früher bot der Inselberg Tieren wie Menschen Schutz und Wasser; heute zählt die Spitzkoppe zu den beliebtesten Ausflugszielen für Naturfreunde und Bergsteiger, die ihr Klettergeschick an den steilen Felswänden messen. An einer Seitenflanke des 1890 Meter hohen Berges befindet sich ein ehemaliger Lagerplatz der Buschleute, »Bushman's Paradise«. Die runde, üppig bewachsene Kuhle ist von außen nicht zu erkennen und nur über steile, glatt abgeschliffene Felsplatten zugänglich.

Rechts Die Menschen in den Siedlungen um die Spitzkoppe leben von Viehzucht und etwas Ackerbau mehr schlecht als recht. Einzige Attraktion der Dörfer ist der »Winkel«, ein kleiner Laden, oft nicht mehr als ein Bretterverschlag, in dem man Lebensmittel und Bier bekommt. Kein Wunder, dass es die Jugend in die Städte zieht, wo sie sich ein besseres Auskommen verspricht.

Unten Einst zogen hier zu Füßen der Spitzkoppe Wildherden ungehindert durch die Ebene. Diese Zeiten sind vorbei, doch das Damaraland ist noch eine der ursprünglichsten Regionen Namibias.

Tafelberge, die »Ugab-Terrassen« begrenzen das breite Tal des Ugab. Die Kräfte der Erosion konnten den weichen Kalksandstein frei gestalten. Dabei entstand auch die »Vingerklip«, ein 35 Meter hoher, fingerförmiger Felsen (rechts), der auf einer schmalen Basis ruht. Eine ähnliche Gesteinsformation, der Mukorob oder »Finger Gottes« in der Nähe von Asab, galt lange Jahre als Namibias Wahrzeichen. Bei einem Sturm stürzte er im Jahr 1988 um.

Steine erzählen Namibias Geschichte. Vor 300 Millionen Jahren war das Land von riesigen Wäldern bedeckt. Als das Klima trockener wurde, überlagerte Sand die umgestürzten Baumriesen und verhinderte dadurch, dass das Holz zu faulen begann. Schließlich sickerte kieselsäurehaltiges Wasser in die Stämme, füllte die Zellen und wurde zu Stein. Heute wachsen zwischen den versteinerten Stämmen wüstenerprobte Pflanzen wie die Welwitschia.

WILDE SCHÖNHEIT: ETOSCHA UND KAOKOVELD

Links Springböcke gehören zu den Tieren, die man in Etoscha am häufigsten zu Gesicht bekommt. Wenn die hübschen Antilopen Gefahr wittern, springen sie mit allen Vieren gleichzeitig in die Luft und entfalten dabei am Hinterteil eine kleine, weiße Fell-»Blüte«, ein Warnsignal für die ganze Herde, das die Tiere davonstieben lässt.

Links unten Der Etoscha-Nationalpark wurde im Jahr 1907 eingerichtet, nachdem Jäger und Abenteurer den Wildbestand Südwestafrikas dramatisch verringert hatten. Ursprünglich reichte der Park von der heutigen Skelettküste bis Grootfontein, doch im Zuge der Homeland-Politik Südafrikas wurde er stetig verkleinert, um Platz für die Siedlungsgebiete der Schwarzen zu schaffen.

Rechts Gnus sind berühmt und gefürchtet für ihr panisches Fluchtverhalten. Weil sie selbst sehr schlecht sehen, weiden sie immer in der Nähe der mit besseren Augen ausgestatteten Zebras. Sobald sie eine ungewöhnliche Bewegung bei ihren Nachbarn wahrnehmen. galoppieren sie blindwütig los und überrennen alles, was sich ihnen in den Weg stellt.

Rechts Je weiter die Regenzeit zurückliegt, desto mehr Tiere kommen zu den künstlich angelegten Wasserlöchern in Etoscha. Für die Steppenzebras ist der Gang zum Wasser ein gefährliches Abenteuer, denn dort lauern häufig Löwen auf leichte Beute.

Oben Elefanten lassen sich von den Raubkatzen nicht beeindrucken. Wenn die Familie einen Ausflug zum Trinken unternimmt, endet das meist mit einem vergnüglichen Plantsch- und Schlammbad.

Links Ihrer Schönheit bewusst posiert die Oryxantilope für den Fotografen. Sie gehört zu den größten Antilopen Namibias. Mit den langen, pfeilspitzen Hörnern kann sie sich sogar gegen Raubtiere hervorragend verteidigen. Ihr Lebensraum sind die Wüsten und Halbwüsten Namibias, wo sie tagelang ohne Wasser und bei größter Hitze überleben kann.

Unten Eine ungewöhnliche Begegnung: Argwöhnisch beäugen sich Gnus und Tüpfelhyänen. Hyänen gelten als Aasfresser, doch sind sie auch sehr geschickte Jäger, die ihr Opfer im Rudel einkreisen und gemeinsam erlegen. Ausgewachsene Gnus haben von dem Räuber nichts zu befürchten, doch ihre neugeborenen Kälber sind für Hyänen leichte Beute.

Unten und rechts Friedlich teilen sich Giraffen, Gnus und Zebras das wertvolle Nass an einer Wasserstelle. Kämpferisch gebärden sich nur die Zebrahengste (rechts), die ihre Rangordnung miteinander ausmachen müssen. Für die Wildherden ist der Etoscha-Nationalpark ein Paradies, in dem sie vor Jägern und Farmern geschützt leben können. Allerdings ist der Raum für die Elefantenherden zu klein, weshalb die grauen Riesen immer wieder auf das benachbarte Farmland ausbrechen, wo sie beträchtliche Schäden anrichten. Löwen hatten sich in Etoscha zeitweilig so stark vermehrt, dass die Ranger sie vorübergehend mit Anti-Baby-Pillen fütterten, um weiteren Nachwuchs zu verhindern.

Links und rechts oben Grauschwarze Gewitterwolken kündigen den Beginn der Regenzeit an. Für Vögel wie diesen Sekretär wird es nach dem Wolkenbruch endlich wieder genug Würmer und Käfer zu fressen geben.

Unten Krokodile in freier Wildbahn gibt es nur im Kavangoland und im Caprivi-Streifen. Dieses prachtvolle Exemplar wurde auf einer Krokodilfarm in Otjiwarongo gezüchtet.

Unten Leoparden sind die große Attraktion von Wildfarmen wie Düsterbrook und Okonjima. Die nachtaktiven Räuber sind die gefährlichsten Tiere Namibias; sogar erfahrene Jäger ziehen sich respektvoll zurück, wenn sie unbeabsichtigt einem Leoparden begegnen. Zur Fütterungszeit kommen die schön gefleckten Raubkatzen aus ihren Höhlen, um sich die tägliche Ration Fleisch zu holen. So niedlich die Jungen wirken, Leoparden lassen sich nicht wirklich zähmen.

Unter Raubkatzen

Rechts Löwen im Etoscha-Nationalpark. Sie verbringen einen Großteil des Tages im Schatten mit Dösen und Spielen. Für die Jagd ist es tagsüber viel zu heiß.

Rechts unten Der Gepard ist das schnellste Säugetier der Welt. Innerhalb weniger Sekunden kann er eine Geschwindigkeit von bis zu 100 km/h erreichen. Viele namibische Farmer halten Geparden als Haustiere. Sie lassen sich angeblich gut zähmen und folgen ihrem Herrn treu ergeben wie ein Hund. Die Gäste auf Okonjima können sich bei den Mahlzeiten von der erfolgreichen Dressur überzeugen.

Auf den Gästefarmen und Lodges in Namibia können Besucher den Alltag der Farmer kennenlernen, spannende Details über Flora und Fauna der Region erfahren und auch an einer Pirschfahrt teilnehmen. Per Jeep oder zu Fuß geht es über das Farmgelände – oft mehrere zehntausend Hektar groß – zu den Wasserstellen, an denen sich das Wild versammelt. Der zahme Pavian Elvis ist auf Okonjima fast immer dabei.

JIMA
AYS
BIA

Die archaische Welt der Nomaden

Die Buschmänner oder San sind Namibias Stiefkinder. Sie waren die ersten, die in den ariden Landstrichen an der Südwestküste Afrikas ein Nomadendasein als Jäger und Sammler führten. Heute leben sie, abgedrängt von später eingewanderten Völkern, Weißen und der Apartheidpolitik fast nur noch im Buschmannland. Viele haben ihre alten Traditionen vergessen und sind dem Alkohol verfallen. Im namibischen Unabhängigkeitskrieg setzten die südafrikanischen Truppen Buschmänner als Späher und Fährtenleser gegen die SWAPO-Guerilla ein. Für die kleinwüchsigen Jäger war dies eine Tätigkeit, die sie seit Jahrtausenden perfekt beherrschen. Doch nach dem Krieg kam die Ernüchterung: die »Kollaborateure« wollte im jungen Namibia niemand mehr haben. Auf der Farm Hedwigslust hat sich ein deutschstämmiges Farmer-Paar der Ausgestoßenen angenommen und die Stiftung Ombili gegründet. Über 300 Buschleute leben und arbeiten wie diese beiden inzwischen für Ombili; dafür erhalten sie Essen, eine Schulausbildung und Krankenversorgung. Wer die Regeln der Stiftung nicht beachtet – das Verbot von Alkohol steht ganz oben –, wird vom Gelände gewiesen und darf nicht mehr zurück.

Links und unten Das Land der Himba ist unzugänglich und in der Regenzeit häufig von der Außenwelt abgeschnitten, weil die Pisten nicht befahrbar sind. Dies hat die Himba weitgehend vor den »Segnungen« der Zivilisation bewahrt. Doch seit Händler und Touristengruppen diesen ursprünglichen und faszinierenden Teil im Nordwesten Namibias besuchen, halten auch Coca-Cola und andere westliche Produkte Einzug in die archaische Welt der Nomaden.

Rechts und unten Eng mit den Himba verwandt sind die Herero, die schon früh mit europäischen Missionaren und Farmern Kontakt hatten und viel von deren Kleidung und Lebensgewohnheiten übernommen haben. Ein Rest gemeinsamer kultureller Wurzeln als viehzüchtende Nomaden kommt im Kopfputz zum Ausdruck: Himba-Mädchen flechten ihr Haar zu Zöpfen, die wie Hörner abstehen; die dreieckige Haube der Herero-Frauen drückt die gleiche Symbolik aus. In Opuwo (unten), wo sich auch Himba auf dem Markt mit Waren versorgen, begegnen sich das archaische und das europäisch beeinflusste Namibia ganz selbstverständlich.

Unten Ein Himba-Dorf in den Joubert-Bergen. Ihre »Pontoks«, wie die bienenkorbförmigen Hütten heißen, bauen die Himba ausschließlich aus natürlichen Materialien. Zunächst wird ein Rahmen aus Zweigen und biegsamen Ästen geflochten und anschließend mit Lehm und Rinderdung verputzt. Die Hütten halten angenehm kühl und fügen sich harmonisch in die Landschaft ein.

Rechts Die Frisur bezeichnet jedem Fremden den gesellschaftlichen Status der Trägerin: Junge Mädchen flechten sich Zöpfe, die wie Hörner vom Kopf abstehen. Mädchen in und nach der Pubertät lassen ihr Haar zu langen Zöpfchen ins Gesicht wachsen, die sie mit Perlen schmücken. Verheiratete Frauen tragen ihre mit Ocker eingeschmierten Flechten nach hinten gekämmt und setzen darüber eine Fellhaube auf, die wiederum Rinderhörner symbolisiert.

Unten Haar- und Körperpflege ist eine wichtige Beschäftigung, der sich Frauen wie Männer hingebungsvoll widmen. Wie viele Viehzüchtervölker Afrikas haben auch die Himba ein ausgeprägtes Schönheitsideal. Dazu gehört, dass den Kindern die unteren Schneidezähne ausgebrochen werden.

Rechts Die Haartracht der Frauen könnte sich jederzeit mit modernen Dreadlock-Frisuren messen. Auf dem Rücken hängt ein dreieckiges Schmuckstück aus Leder, verziert mit Perlen aus Kupfer und Draht. Wichtigster und wertvollster Schmuck der Himba-Frauen ist das Gehäuse der Ngoma-Schnecke (Tritonshorn), das sie an einem Lederband um den Hals tragen.

Links Mit einer rotbraun glänzenden Paste reiben die Himba ihre Haare und den gesamten Körper ein. Die Paste, die sie aus geriebenem eisenhaltigem Ocker, Fett und aromatischen Kräutern herstellen, verhindert das Austrocknen der Haut.

Rechts unten Krieg und Dürrekatastrophen haben die Himba bislang nicht daran hindern können, ihr angestammtes Leben zu führen. Eine gravierende Veränderung steht ihnen aber mit den Plänen für ein enormes Staudammprojekt an den Epupa-Fällen ins Haus. Das Kraftwerk könnte den gesamten Energiebedarf Namibias sichern und ist eines der Prestigeprojekte der namibischen Regierung. Sollte der umstrittenen Bau genehmigt werden, würden Teile des Himba-Gebietes durch einen riesigen Stausee überflutet. Straßen würden gebaut und mit der verbesserten Infrastruktur wäre die weltabgeschiedene Region plötzlich auch für den allgemeinen Tourismus und für die fliegenden Händler zugänglich, die mit ihrem Alkoholsortiment bislang nur an der Peripherie des Kaokoveld tätig sind. Den Himba stünde dann voraussichtlich ein ähnliches Schicksal bevor wie es die Buschmänner erlebt haben.

Rechts Männer wie Frauen der Himba zieren ihre Körper mit schwerem Kupfer- und Eisenschmuck, Ketten und Kleidung aus weichem Leder.

WO DIE WÜSTE SICH MIT DEM MEER VERMÄHLT

Links Die Skelettküste ist einer der gefürchtetsten Abschnitte an der Südwestküste Afrikas. Unberechenbare Strömungen haben hier viele Schiffe kentern und stranden lassen. Seeleute, die die Katastrophe überlebten, erwartete an Land der sichere Tod. Ein hoher Dünengürtel versperrte die Flucht landeinwärts, es gab kein Wasser, und am Strand lauerten Hyänen und Schakale auf die entkräfteten Menschen. Heute hat Wüstensand die Schiffswracks eingegraben. Wie urzeitliche Skelette liegen ihre Überreste entlang der Küste.

Links unten und rechts Am Kreuzkap, wo 1486 der portugiesische Seefahrer Diego Cão als erster Europäer Anker setzte, kommen heute bis zu hunderttausend Robben zusammen, um ihre Jungen großzuziehen. Das Gebrüll der Bullen und ein bestialischer Gestank kündigen die Kolonie schon von weitem an. Je nach Bestand wird jedes Jahr eine bestimmte Zahl Robben »geerntet«, das heißt erschlagen, um ihren wertvollen Pelz nicht zu beschädigen. Die Tötung der Robben ist umstritten: Naturschützer prangern sie als grausam an, während die Befürworter des »Culling« ins Feld führen, dass zu große Robbenherden die Fischgründe leerfressen und damit langfristig das ökologische Gleichgewicht der Region gefährden.

Unten Nordwestlich von Swakopmund wächst eine ganze Kolonie der seltenen Welwitschia mirabilis. Die Pflanze bezieht die benötigte Feuchtigkeit aus dem Nebel. Auf einer ausgeschilderten Rundtour durch die Namib-Wüste kann man neben Welwitschia-Pflanzen auch viele andere wüstenangepasste Gewächse entdecken: den Balsamstrauch, der mit der arabischen Myrrhe verwandt ist und ein ähnlich duftendes Harz absondert, oder auch die Buschmannkerze, die durch eine wachsähnliche Schicht das Verdunsten des in Ästen und Zweigen gespeicherten Wassers verhindert.

Rechts »Moon valley« nennen die Namibier diese einzigartige Landschaftsformation, die der Swakop-Fluss in die Felsen geschnitten und ausgewaschen hat. Als hätten Riesen die Sandberge geformt und mit Granitmurmeln gespielt, so wirkt dieses zerklüftete Stück Wüste, das durch das grauschwarze Gestein tatsächlich die Illusion weckt, man befände sich irgendwo auf dem Mond.

PAINTS
AUTO ENGLING
OTTO GUNTHER
Bank Windhoek
Coca-Cola
STOP RELIABILITY
STOP SERVICE
HIRE
STOP
4
STOP

Swakopmund: die Perle am Atlantik

Links Das Hohenzollernhaus in der Brückenstraße: Ein dreistöckiger, perfekt restaurierter Jugendstilbau, auf dessen First Atlas die Erdkugel stemmt – deutsches Erbe im ruhigen Seebad Swakopmund.

Rechts oben Der Leuchtturm ist eines der Wahrzeichen von Swakopmund. Die deutsche Kolonialverwaltung setzte große Hoffnungen auf die Stadt als Warenumschlagplatz, denn von Lüderitz aus, das den einzigen natürlichen Hafen an diesem Teil der Küste besaß, war die Querung der Namib mit schweren Lasten unmöglich.

Mitte rechts 1901 errichtete der berühmteste Architekt Deutsch-Südwestafrikas, Wilhelm Sander, einen imposanten Bahnhof, von dem aus Passagiere und Fracht durch die Namib-Wüste nach Zentralnamibia weiterreisen konnten. Aber der Swakop, der nördlich der Siedlung ins Meer fließt, ließ das Hafenbecken immer wieder versanden, so dass die Schiffe mit Brandungsbooten auf hoher See entladen werden mussten. Heute erstrahlt der Bahnhof als Luxushotel mit Kasino im alten Jugendstilglanz.

Rechts unten Als letzter Versuch, Swakopmund als Hafen zu retten, wurde ein 375 Meter langer Pier konstruiert. Doch zwei Jahre später musste er schon wieder aufgegeben werden, weil das Hafenbecken erneut versandet war. Heute genießen an der »Jetty«, dem nutzlos gewordenen Landungssteg, Liebespaare und Besucher den Sonnenuntergang.

BISMARCK
MEDICAL
CENTRE

Links Gutes Wetter – in Swakopmund ist es zumindest am Vormittag eher selten. Bis Mittag liegt oft dicker Nebel über dem hübschen Städtchen. Wenn er sich bis dahin nicht lichtet, bleibt es den ganzen Tag grau in grau. Doch fährt man aus Swakopmund nach Osten in die Namib, ist der Spuk meist schon nach wenigen Kilometern vorbei und die Sonne strahlt von einem tiefblauen Himmel.

In Windhoek sind die meisten Straßen inzwischen anglisiert und umbenannt, doch in Swakopmund gehen die Uhren anders. Moltke- und Kaiser-Wilhelm-Straße tragen nach wie vor ihren aus der Kolonialzeit stammenden Namen. Im »Alten Amtsgericht« residiert heute ein Teil der Stadtverwaltung. Auch andere Kolonialbauten wie die evangelisch-lutherische Kirche (rechts) sind noch erhalten.

Links Eine riesiges Scharte haben Bagger in die Flanke des Rössing-Berges in der Namib gegraben, wo im Tagebau Uran gewonnen wird. Nicht weit entfernt liegt die Retortenstadt Arandis, eine sterile, saubere Siedlung für die Arbeiter und Angestellten der Mine.

Rechts oben Im Uranabbau sind viele Ovambo beschäftigt. Mit spezieller Kleidung versuchen sie, sich vor gesundheitlichen Schäden durch das radioaktive Material zu schätzen. Dennoch sind Spätfolgen dieser Arbeit nicht auszuschließen, denn auch der Staub, der bei Grabungen und Sprengungen freigesetzt wird, enthält radioaktive Partikel. Mit Wasserkanonen wird die Staubentwicklung gebremst – die Folge ist ein Absinken des Grundwasserspiegels in diesem Teil der Wüste.

Mitte rechts Gigantisch wie die Rössingmine selbst sind die Lastwagen mit denen das Uranerz aus der einträglichsten Mine Namibias abtransportiert wird.

Rechts unten Nicht nur die Menschen, auch die Natur leidet unter den Eingriffen durch den Uranerzabbau. Was mit dem 450 Meter tiefen, drei Kilometer breiten und zwei Kilometer langen Krater passieren soll, wenn in voraussichtlich 25 Jahren die Erzvorkommen erschöpft sein werden, vermag heute noch niemand zu sagen.

Fisch und Salz

Links und rechts oben Walvis Bay stand bis 1994 unter südafrikanischer Verwaltung. Dann wurde die Exklave an Namibia übergeben. Für den jungen Staat ist der Hafen – der einzige für Hochseeschiffe taugliche an der 1500 km langen Küste – von enormer wirtschaftlicher Bedeutung.

In punkto Fischfang und -verarbeitung hat Walvis Bay dem kleinen Lüderitzbucht bereits das Wasser abgegraben. Bei der Fangflotte und in den verarbeitenden Fabriken sind viele Ovambo beschäftigt. An den Wochenenden und zu Ferienzeiten machen sie sich in überladenen Sammeltaxis auf den knapp tausend Kilometer langen Weg in ihre Heimatdörfer im Ovamboland.

Unten Angeln ist ein Nationalsport der Namibier, an dem sich Menschen aller Hautfarben und Klassen mit großem Enthusiasmus beteiligen. An den Wochenenden sind die für Angler freigegebenen Küstenabschnitte bis auf den letzten Platz von einsamen Gestalten besetzt, die sich den Fang ihres Lebens erhoffen. Einige Angel-Camps wie beispielsweise Terrace Bay an der Skelettküste besitzen sogar eigene Gefrieranlagen, damit der gefangene Fisch bis zur Heimfahrt am Abend frisch bleibt.

N 3595 WB

Salzgewinnung aus dem Meer in der Nähe von Walvis Bay. Das »weiße Gold« wird durch Verdunstung des Meerwassers gewonnen und in Fabriken aufbereitet. Etwa eine halbe Million Tonnen Salz werden hier jährlich produziert. Im weiten Umkreis sind Straßen und Wüste von den glitzernden weißen Salzkristallen bedeckt. Neben der Fischverarbeitung ist Salz das zweitwichtigste wirtschaftliche Standbein von Walvis Bay.
Große Hoffnungen setzten die Stadtväter aber auch auf den Tourismus. Walvis Bay selbst bietet zwar keine besonderen Sehenswürdigkeiten, aber in den Brackwassern in der Umgebung leben unzählige Wasservögel wie Flamingos, Pelikane und Möwen. Im Sommer gesellen sich noch etwa 200 000 Zugvögel zu den einheimischen Arten.

Wüstenfieber

Links Motorradfahren im Namib-Naukluft-Nationalpark im Gebiet des Sossusvlei – ein Vergnügen, dem Naturschützer unlängst den Riegel vorgeschoben haben, mit dem Argument, Motorradfahrer würden häufiger als Autolenker von den vorgegebenen Pisten abweichen, querfeldein fahren und damit die Bodenstruktur der empfindlichen Dünenwüste zerstören.

Links unten Woher die Akazie am Fuß dieses Dünenberges im Sossusvlei das lebensnotwendige Nass bezieht, bleibt ein Rätsel. Jahrelang können die widerstandsfähigen Gewächse ausharren, bis es wieder einmal so gut regnet wie 1997: Der Tsauchab-Fluss, der die Pflanzen in der Sandwüste ernährt, führte so viel Wasser, dass der Weg zum Sossusvlei tagelang abgeschnitten war.

Rechts Gigantische Bauwerke aus Sand: die berühmte Düne 45 am Sossusvlei, mit 350 Metern Höhe die größte Sterndüne der Welt.

S. 96/97 Licht und Schatten modellieren die Dünenlandschaft am Vlei zu ständig wechselnden Bildern.

Akazien und Dornbüsche trotzen dem Sandmeer des Sossusvlei. Die weißglitzernde Salz-Tonpfanne entsteht, wenn das Wasser im Vlei verdunstet ist. Als Salzlecke versorgt sie das Wild mit dem lebensnotwendigen Mineral.

Wie von Künstlerhand geformt schwingen die Sanddünen in sanften Bögen um das Vlei. Im Licht der untergehenden Sonne leuchten sie in tiefem Orangerot. Wenn der Tag verlischt, ist die Stunde der Wüstentiere gekommen. Die Menschen müssen das Sossusvlei verlassen.

Flug über die Namib

Wer die strenge Schönheit der Wüstenlandschaft Namibias vom Ballon aus genießen will, muss früh aufstehen: Die thermischen Verhältnisse sind für den Start am Morgen besonders günstig.

Doch die Vielfalt der fast mystischen Bilder, die man aus der Luft in vollkommener Stille genießt, entschädigen reichlich für die verkürzte Nacht. Dünen, Berge und Vegetation bekommen aus dieser Perspektive eine fast geometrische Struktur.

S. 104/105 Zwischen Zarisbergen und Spencer Bay beherrschen Sicheldünen, auch »Barchanen« genannt, die Namib. Sie werden von Winden geformt, die immer aus der gleichen Richtung wehen, und türmen sich dann an oft winzigen Hindernissen zu imposanter Höhe auf.

Teile des Skelettküsten-Parks im Nordwesten Namibias sind so unwegsam, dass Besucher sie nur im Rahmen einer »Fly-In-Safari« bereisen können. Mit einem kleinen Flugzeug, meist einer sechssitzigen Cessna, geht es von Swakopmund an der Atlantikküste entlang nach Norden. Schiffswracks (rechts unten), die an der gefürchteten Skelettküste auf Grund gelaufen sind, liegen wie urzeitliche Monster in der Brandung. Mit etwas Glück kann man vom Flugzeug aus auch die seltenen Wüstenelefanten erspähen, die im Skelettküsten-Park und im Kaokoveld durch die Trockentäler wandern. Sie haben sich ihrem ariden Lebensraum ebensogut angepasst wie Namibias Wappentier, die Oryxantilope.

S. 108/109 Die Dünenwüste der Namib stößt direkt an den Atlantik. Kein Wunder, dass dieser unwirtliche Teil der Küste Südwestafrikas von Seeleuten stets gefürchtet war. Für Gestrandete gab es keine Rettung.

Kolonialromantik

Lüderitz, die erste deutsche Siedlung in Namibia, wurde 1883 gegründet. Eine große Zukunft war dem Städtchen nur für einige Jahrzehnte beschieden, als in der Nähe die ersten Diamanten gefunden wurden. Bis dahin lebte der Ort vom Handel mit den Einheimischen. Sein Gründer, der Bremer Kaufmann Adolf Lüderitz, kam 1886 bei dem Versuch ums Leben, die Mündung des Oranje zu erforschen. Den großen Diamanten-Boom seiner Stadt erlebte er nicht mehr.

Wie keine andere Stadt Namibias ist Lüderitz vom architektonischen Erbe der Kolonialzeit geprägt. Die Villen der Handelskompanien, wie das Goerke-Haus (links), die Felsenkirche (unten rechts) und viele andere Bauten versetzen den Besucher ins 19. Jahrhundert zurück, als Siedler und Kaufleute versuchten, sich ein Stück deutsche Heimat in ihrem selbstgewählten Exil zu schaffen. Von sich aus hatte der Ort, eingeklemmt zwischen Atlantik und strenger Felswüste, wenig Anheimelndes.

Auf der »Pad«

Links Immer wieder erobert der Sand die mühsam freigeräumten Straßen zurück. Namibia besitzt ein hervorragendes Straßennetz, und die »Pads«, ob Asphalt- oder Erdstraßen, werden sehr gut unterhalten.

Rechts oben Schilder die vor Sandverwehungen warnen sieht man häufig in Südnamibia. In Zentralnamibia gilt der Gefahrenhinweis an Autofahrer stattdessen Rinderherden und im grünen, wildreichen Norden schmückt die Silhouette einer Antilope oder gar eines Elefanten ähnliche Schilder.

Rechts unten »Scrapper« heißen die Ungetüme, die wie hier die Eisenbahnschienen von Sand freihalten oder den unebenen Untergrund einer Piste wieder glattstampfen. Durch starken Verkehr bekommen Erdstraßen schnell eine Struktur, die man »Wellblech« nennt. Für ungeübte Autofahrer sind Wellblechpisten ein gefährliches Abenteuer, denn bei zu hoher Geschwindigkeit verlieren Fahrzeuge darauf die Bodenhaftung.

Nach Süden

Der Bauherr des Schlösschens Duwisib, der Offizier Hans-Heinrich von Wolf, freiwilliges Mitglied der »Schutztruppe« seit Niederschlagung des Herero-Aufstands, war ein begeisterter Pferdezüchter. Mit diesem Herrenhaus verwirklichte er einen Lebenstraum. Von Wolf konnte die Idylle nur für kurze Zeit genießen. Der Erste Weltkrieg rief ihn an die Front und in den Tod. Seine Frau, eine wohlhabende Amerikanerin, kehrte nicht mehr nach Duwisib zurück. Das Schloss wurde zum Museum.

Im Jahre 1908 fand der schwarzer Eisenbahnarbeiter Zacharias Lewala einen Diamanten in der Nähe von Lüderitz. Mit dem Fund begann an diesem, damals bereits wieder vergessenen Winkel der deutschen Kolonie ein beispielloser Diamanten-Boom, und mitten in der Wüste wurde die Siedlung Kolmanskop aus dem Sand gestampft. Zehn Jahre später war die große Euphorie vorbei, und in den 50er Jahren wurde Kolmanskop endgültig wieder der Wüste überlassen. Das trockene Klima konserviert die Jugendstilvillen der Diamantenmillionäre, das kleine Theater und die Kegelbahn hervorragend, doch die Sanddünen haben schon tief in die schmucken Holzhäuser hineingeleckt. Die einzigen Geräusche in der ausgestorbenen Stadt sind das Pfeifen des Windes und das Rieseln von Sand. Aber es braucht nur wenig Phantasie, um sich die Diamantenschürfer beim Feiern und Kegeln vorzustellen zu können.

Links und rechts Kinder in der Nähe des Fish River Canyon. Viele Kinder in Südnamibia leben in kleinen Siedlungen, »Werft« genannt, neben den Farmen, auf denen ihre Eltern Arbeit gefunden haben. Oft liegen sie zig Kilometer vom nächsten Ort und der nächsten Schule entfernt. Im schulpflichtigen Alter werden die Kinder, wie die der weißen Farmer auch, ins Internat geschickt und kommen meist nur ein Wochenende im Monat nach Hause. Manche Arbeiterfamilie schickt ihren Nachwuchs trotz Schulpflicht lieber nicht zum Unterricht, Ausbildung und Unterbringung sind teuer. Wenn die Kinder Glück haben, bezahlen die Farmer die Kosten.

Links und S. 121/122 Der Fish River Canyon ist die zweitgrößte Schlucht der Welt. In einer sehr anstrengenden fünftägigen Wanderung kann man, dem Lauf des inzwischen fast trockenen Flussbetts folgend, die grandiose Szenerie durchwandern. Stille Nächte unter klarem Wüstenhimmel sind der Lohn für die Strapaze. Am Schluchtausgang empfangen die Thermalquellen von Ai-Ais die Wanderer mit einem entspannenden Bad im türkisblauen Pool.

Links Webervögel bauen aus Zweigen kunstvoll verflochtene Nester. Manche bevorzugen »Einfamilienhäuser«, andere, wie die Siedelweber, bauen große Gemeinschaftsnester in die Baumkronen der Akazien (links unten). Manchmal wird das Nest so groß und drückend, dass es den Baum erstickt.

Sobald sich das Weibchen im Nest zum Brüten niedergelassen hat, wird auch der Eingang bis auf eine winzige Öffnung verschlossen, durch die der Ehemann die Nahrung für die werdende Mutter und später auch für die Kinderschar herbeischafft. Die kleinen flinken Vögel legen dabei große Strecken zurück, denn ihr Lebensraum sind die Steppen Namibias, in denen Futter nur schwer zu finden ist. Nach getaner Tagesarbeit ist der Familienvater oft völlig erschöpft.

Unten Giants Playground in der Nähe von Keetmanshoop – eine wild zerklüftete Felslandschaft, die ihren Namen »Riesenspielplatz« verdient.

Köcherbäume sind die wohl dekorativsten Pflanzen des südlichen Afrika. Der den Aloe-Gewächsen zugerechnete »Kokerboom« kann bis zu 300 Jahre alt werden und erhielt seinen Namen, weil die Buschleute aus den hohlen Zweigen angeblich ihre Köcher fertigten. Normalerweise führen Köcherbäume ein Dasein als Einzelgänger. Warum sie in der Gegend von Keetmanshoop so zahlreich vertreten sind, weiß niemand zu beantworten. Wahrscheinlich bekommt ihnen die von felsigem Geröll und dunkler Erde geprägte Region besonders gut.

Rechts Auch dieses blühende Kleinod gehört zur Gattung der Aloen. Das ganze Jahr über ist die Pflanze mit ihren sichelförmigen, rauhen Blättern eher unscheinbar, doch nach der Regenzeit legt sie zwischen Februar und Mai ihr schönstes Blütenkleid an. Die kräftigen Farben locken Insekten zum Bestäuben der Pflanze herbei. Je karger der Standort, desto wichtiger ist es, mit weithin sichtbaren Blüten aufzufallen.

S. 126/127 Silbernes Mondlicht lässt die scherenschnittartigen Silhouetten der Köcherbäume besonders schön hervortreten. Nachts wirkt der »Wald« zauberisch wie im Märchen.

Schutzumschlag vorne Eine Frau aus dem stolzen Nomaden-Stamm der Himba.

Schutzumschlag hinten Vom Baobab heißt es, Gott habe den Baum aus Zorn mit den Wurzeln nach oben in die Erde gesteckt.

Unten Coca-Cola ist überall, auch an dieser Imbissbude in Omaruru.

BILDNACHWEIS:
Alle Aufnahmen in diesem Band stammen von Erhard Pansegrau.

Die Deutsche Bibliothek – CIP-Einheitsaufnahme
Reise durch Namibia / Erhard Pansegrau (Fotogr.), Daniela Schetar (Autorin). –
Würzburg : Stürtz 1997.
ISBN 3-8003-0867-3

Impressum

Schutzumschlag und Typographie: Margarita Mengele, Würzburg
Karte: Steffen Oberländer, München
Printed in Germany
ISBN 3-8003-0867-3